Del valle Márquez

VIVIENDO EN LA DEUDA

El éxito está escrito en ti

CONTENIDO

INTRODUCCIÓN 3

TE COMPARTO… 5

"ME APLASTÓ LA DEUDA", ¿AHORA QUÉ HAGO? 8

¡LAS DEUDAS ESTÁN EN FILAS! 16

CADA PASO CUENTA 22

LA DEUDA Y YO 29

LA AUTOEDUCACIÓN COMO HERRAMIENTA PARA MEJORAR LAS FINANZAS. 38

UNA VIDA SIN DEUDA 47

QUÉ ESPERAS, ¡ENDÉUDATE! 53

INTRODUCCIÓN

Viviendo en la deuda, refleja la urgencia y la lucha que muchos sienten al enfrentar deudas, se aborda el tema de como la deuda afecta la salud mental y emocional de las personas, se fomenta la autoeducación como herramienta para salir de la deuda y el cómo mantenerse enfocado en las metas, así mismo se hace énfasis en el aprendizaje que conlleva el adquirir deudas, además de cómo mejorar.

Si estás aquí es probable que te sientas presionado por las deudas y estes, como lo estuve yo buscando una salida.

Yo estuve en tu lugar, y se lo difícil y estresante que puede ser, pero hay esperanza y estoy aquí para ayudarte a encontrarla, este libro es una guía práctica y motivacional, en donde encontrarás herramientas y estrategias que serán útil para salir de las deudas. Por otro lado, se te mostrara como mantenerte motivado durante el proceso, aprenderás a entender tu situación financiera, a aumentar tus ingresos, y a evitar futuras deudas sin objetivos.

También compartiré historias y recursos útiles para apoyarte en tu camino hacia la paz mental. Te comparto, salir de la deuda requiere de tiempo, esfuerzo y sobre todo confianza en uno mismo, pero con la información y la motivación adecuada puedes hacerlo, así que tómenos el control de nuestro pensamiento s y acciones para de esta manera obtener los resultados deseados.

TE COMPARTO...

En este universo donde acceder al crédito es fácil, muchos de nosotros nos encontramos atrapados en el circulo vicioso de las deudas que parecen interminables, desde tarjetas de crédito, préstamos bancarios y compras sin sentido, las deudas pueden convertirse en una carga pesada, afectando no solo nuestras finanzas, sino también nuestra salud mental y emocional.

Viviendo la deuda refleja ese sentido de urgencia y desesperación que se siente al darle la cara a la deuda, este libro es una pauta diseñada para quienes se sienten agobiados por la presión de sus obligaciones financiera, aquí abordaremos el impacto de la deuda en la vida cotidiana y ofreceremos herramientas prácticas para enfrentarlas y en ultimas instancias superarla.

La deuda y el qué dirán de nosotros no define quienes somos, pero aprender a manejarla de manera efectiva puede darnos las herramientas para tomar decisiones más conscientes sobre nuestras finanzas.

A través de estrategias de autoeducación y establecimiento de metas, este libro busca no solo ofrecer soluciones, sino también inspirar a quienes se encuentran en la lucha de encontrar la esperanza y el camino hacia la paz mental y financiera.

Prepárate para experimentar como es vivir en la deuda y descubrir como transformar cada mala decisión financiera en una oportunidad de crecimiento y aprendizaje. Con cada página te invito a reflexionar, actuar y avanzar.

"ME APLASTÓ LA DEUDA", ¿AHORA QUÉ HAGO?

No es el fin del mundo, toca avanzar, en vez de preocuparte, ocúpate, siempre hay salida.

"ME APLASTÓ LA DEUDA", ¿AHORA QUÉ HAGO?

La deuda puede sentirte como una carga pesada e insoportable, es una oscuridad constante que entorpece nuestras decisiones y limita nuestras acciones. En un universo en el que el consumo despiadado está a disposición de todos, caemos en el juego de la trampa, sin entender las consecuencias a largo plazo, sin embargo, enfrentar esta realidad no significa fracasar, al contrario, es una oportunidad para aprender, crecer y tomar el control de nuestras finanzas.

Esta es la historia de Nadia, utilizaremos este nombre como ejemplo.

Nadia nunca pensó que varias decisiones tomadas desde la angustia y desesperación podría llevarla al borde del abismo financiero. Desde el exterior su vida parecía normal y poco relevante, vivía en un apartamento arrendado, con las condiciones básicas para vivir, muy acogedor y acorde a la posición que a ella le parecía correcto para su nivel de ingresos. Con respecto a su vida personal tenía dos hijas con gran diferencia de edad, lo que es considerado un factor económico relevante por la inversión que conlleva tener dos hijas, me refiero a comida, vestimenta, educación, salud, entre otros.

Después del nacimiento de su segunda hija y por las faltas de oportunidades laborales, decide entrar al mundo de los negocios, es decir, se autodefine como emprendedora. En compañía de su pareja trabajan en un local físico, el cual demanda de pasar todo el día en el mismo, pero el costo de los productos y los gastos inesperados comenzaron a acumularse. Como emprendedora quería ser su propio jefe, termino mal utilizados por algunos, además de trabajar en algo que realmente le apasionara y el sueño que le venden a todos los que entran en el mundo del emprendimiento, disponer de tiempo de calidad para ella y su familia, lo que es una idea errónea, ya que el emprendimiento requiere de jornadas extensas de trabajo , así como mantener la disciplina y constancia en las diferentes actividades del trabajo, cuando se inicia, corresponde ser de todo dentro del negocio. Continuando con la historia de Nadia se ve deslumbrada por la ayuda que le ofrecen los créditos bancarios, sin hacer un análisis previo del crédito, lo que es un error para todo el que inicia en algún negocio, como es de esperarse el banco aprobó su solicitud de crédito rápidamente, lo que género en ella un sentimiento de alivio y entusiasmo para enfrentar los desafíos que posteriormente se presentaran en el futuro. Al principio todo parecía ir bien y las ventas iniciales fueron alentadoras, sin embargo, los problemas no tardaron en aparecer, el costo cambiante de los productos, los servicios básicos, arriendo, además de los gastos que genera el tener una familia.

En este caso Nadia tomo dinero del crédito para cubrir lo que demandara el mismo. De esta situación nace un segundo y tercer crédito bancario, y con ella las malas decisiones por mantener a flote el local, no tomo en cuenta las prioridades, como llevar estados de cuenta con ingresos, egresos, ganancias; establecer un límite diario de cuanto debe producir el negocio para mantenerse, establecer un sueldo para ella y su pareja, ya que todos los gastos salían del local, además de estrategias digitales para promocionar su negocio y por ende hacerle crecer.

Para Nadia esta nueva realidad la llevo al límite del estrés y la desesperación lo que directamente llego afectar su salud tanto física como emocional, llegando a pasar noches en vela, en constante pensamiento negativo y nada de soluciones a la posible quiebra que se encontraba en puerta. Al encontrarse al borde del colapso había algo en ella que no le permitía rendirse, algunos lo llaman Fe, lo que te permite aferrarte a tus objetivos, Hay es donde entra el lápiz y el papel una herramienta tan simple y tan poco valorada, mientras Nadia se sincera con ella y sus finanzas ¡SI! este es el primer paso, ya no te mientas, asume como estas, plasma en ese papel tu realidad financiera, llorar, gritar y colapsar está permitido, pero no es el fin, ya viendo tu realidad allí empieza el verdadero trabajo; cambiar tu perspectiva, la forma en como ves tu vida, hazte preguntas: ¿Qué no estoy viendo?, ¿Qué nos permitiría mejorar esta situación?, ¿Que actividades puedo integrar para mejorar? Y algo de gran relevancia es no olvidarnos de la persona, de cubrir nuestras necesidades, parece trillado pero el cuidar de nosotros nos permite ver mejores soluciones, para algunos hacer ejercicio, hacer algún deporte, una simple caminata, buena alimentación, lo que tu sientas que te haga bien, todos somos diferentes y reaccionamos de distinta manera ante la misma situación, el único que te conoce eres tú y por ende sabes lo que te hace bien.

Decidida a buscar soluciones, Nadia comenzó a investigar sobre educación financiera y gestión de deudas. Lentamente, su compresión del manejo del dinero empezó a mejorar, aprendió a negociar sus deudas con el banco, a gestionar de mejor manera sus gastos y a encontrar la manera de aumentar sus ingresos, sin incurrir por el momento en más deudas vacías. Un claro ejemplo nos muestra Nadia. En el que adquirir créditos sin propósito, sin objetivo nos llevan al desequilibrio de nuestras finanzas, en este caso debemos realizar un plan de acción para gestionar el crédito, Enel que la actividad que realices te permita hacer buena inversión y por ende de como resultado ganancias que cubran las letras acordadas con el crédito y el resto te permita seguir invirtiendo y hacer buen capital.

Para Nadia era claro que tenía un largo camino por recorrer, pero ahora con una base más sólida de conocimientos financieros, acompañada de una actitud renovada, estaba lista para enfrentarlo.

En esta historia es necesario resaltar la importancia de revisar detenidamente los créditos antes de adquirirlo para un negocio. Al no evaluar las condiciones del crédito, los posibles riesgos, y la capacidad de pago, podemos caer en el circulo vicioso de las deudas. Tomar decisiones financieras acertadas, buscar asesoría y educarse sobre la gestión del dinero puede marcar la diferencia entre el éxito y el fracaso de un emprendimiento.

Es fundamental investigar y comprender todos los aspectos de un crédito, desde la tasa de interés, hasta los plazos y las consecuencias de no pagar en la fecha acordada. Un análisis cuidadoso y una planificación financiera adecuada pueden prevenir muchos de los problemas que enfrento

Nadia y ayudar asegurar un camino positivo hacia el éxito de cualquier emprendimiento.

¡LAS DEUDAS ESTÁN EN FILAS!

Asúmelas, siéntela, y busca soluciones.

¡LAS DEUDAS ESTÁN EN FILAS!

Estar endeudado es una realidad común para muchos emprendedores, que buscan convertir su negocio en un éxito, sin embargo, las deudas pueden rápidamente convertirse en una fila de compromisos financieros que amenazan el crecimiento y la estabilidad de cualquier negocio.

La metáfora de ¡Las deudas están en filas! Envuelve perfectamente la experiencia de muchos emprendedores o dueños de negocio, en donde cada deuda está en una fila interminable, que exige prestar la atención necesaria, ya que crea en el que la vive una sensación de opresión y desesperanza.

En la siguiente historia se señala la importancia de tener un enfoque estructurado y proactivo frente a los diferentes compromisos financieros, que se adquieren en cualquier negocio.

El señor Pedro, dueño de negocio con 5 años en el mercado, con hora de entrada en su negocio, pero no con hora de salida, a veces desayunando y la mayoría de las veces almorzando pasada la hora, nos comparte que desde que abrió su negocio, se mantiene una constante: Las deudas. No importaba cuanto se esforzará, parecían multiplicarse, teniendo filas interminables frente a él, cada una exigiendo un pago mensual.

Cada mañana antes de abrir, se sentaba con su taza de café, anotando los pendientes del día, en donde se mantenía una constante, se evidenciaba como una deuda lleva otra y así sucesivamente, además de como los intereses y cargos adicionales comienzan a sumarse. El señor Pedro intenta resolver una deuda tomando otra, lo que al final del día agravaba su situación. El impacto emocional y psicológico que conlleva tener filas de deudas sin resolver se ve reflejado en el Sr. Pedro con su estrés diario y sus dosis de tensión hacia su familia, lo que altera su forma de actuar. Al final del día lleno de angustia y mucho pesimismo, pero con esa frustración que le lleva, a buscar soluciones temporales, empieza su angustia pidiendo ayuda a amigos y familiares con préstamos pequeños para poder solventar algunos pendientes, lo que al final no resuelve el problema de fondo y termina por empeorarlo, tanto su situación financiera, como su entorno con su familia y amigos, generando un ambiente de enemistad y perdiendo credibilidad entre ellos.

El Sr. Pedro mostraba amplia experiencia en su negocio, pero luego de analizar su situación entendió que la educación financiera y el buen manejo de las finanzas personales podrán ser un factor clave en el éxito y la sostenibilidad de su negocio. Entender y planificar su flujo de caja fue de relevancia para comprender que se podía permitir y que no, para que no se reflejará en gastos innecesarios que posteriormente le evitara problema de liquidez, en donde le toco identificar todas las posibles grietas en su flujo de caja, que le permitirá tomar todas las medidas preventivas antes de que se conviertan en una nueva crisis.

A través del control de costos, el Sr. Pedro empezó a seguir un presupuesto realista de acuerdo a su realidad, tanto en el negocio como en su hogar, lo que le ayudo a mantener los costos bajo control. Este paso fue de gran importancia ya que analizar los costos le permitió identificar áreas donde pudo reducir gastos sin comprometer la calidad del servicio que ofrecía en su negocio. Todo esto permitió al señor pedro entender cómo gestionar el capital de trabajo, para utilizar los recursos de manera eficiente, y como una deuda lleva a la otra, también el conocimiento lleva a más conocimiento, así como las experiencias cuestan plata, el conocimiento puede llevarte a mantener buenos márgenes de ganancia.

Con respecto a la situación del Sr. Pedro, se hace necesario resaltar como la educación financiera te proporciona las herramientas y conocimientos necesarios para tomar buenas decisiones, gestionar cualquier negocio de manera eficiente y adaptarse a los cambios y desafíos económicos. Esto no solo evita tener las deudas en filas, sino que también facilita el crecimiento y la sostenibilidad a largo plazo de cualquier negocio.

CADA PASO CUENTA

Todo es posible, lo que estas pasando hoy no será la realidad de mañana, disfruta el proceso, no importa que tan complicado parezca.

CADA PASO CUENTA

Salir de las deudas puede ser un proceso largo y desafiante, en este paso es importante reconocer y celebrar cada pequeño logro para mantener la motivación alta. Nos han inculcado que las deudas es sinónimo de peligro, riesgo, incertidumbre, un paso hacia el abismo de la desesperación. Qué pasa si no nos mantenemos fuerte ante de la deuda, que pasa si no tenemos el control de nuestra mente, que pasa si no nos motivamos a nosotros mismos. Nada tendría sentido. Con el pasar de los años he entendido que, si tenemos control de nuestras finanzas, se fluye en todos los sentidos de la vida. No basta solo con sentir hambre para ir en busca de comida, Igual pasa con el dinero; la falta de él nos pone creativo. En la siguiente historia se evidencia como la determinación, el enfoque y la claridad de lo que se quiere nos permite hacer pasos pequeños y constantes que con el tiempo se reflejan en cambios significativos en nuestras finanzas.

Imagina levantarte con diez llamadas de tus acreedores, mensajes de cobro y correos de notificación. Esta es la historia de Leo, un emprendedor que vivía su segunda quiebra, con los pies descalzos en el piso frio de su habitación, tomo una respiración profunda y decidió dar el primer paso y más difícil, aceptar su realidad sin caer en la desesperación. Luego de haber pasado por diferentes situaciones en su negocio, decidió dar fin y cerrarlo, lo que no solo dejo compromisos financieros que atender, sino el mal sabor de boca que deja el fracaso que conlleva cerrar un negocio y lo que toca después, en el caso de Leo, asumir todas las deudas que le dejo el mismo. Leo paso tres días en casa, en vez de agua solo tomaba café, paso recorriendo los alrededores de su casa, sin saber que hacer, dio muchos saltos, grito en repetidas ocasiones, pegaba su cabeza en el frio vidrio de la ventana, es de pensar, ¡Leo está loco!, pero no, esos tres días sirvieron para estar mal, Leo se dio permiso de sentir el fracaso, de abrazarlo y de dormir con él.

Leo había puesto todo su entusiasmo y dedicación en aquel negocio, pero las ventas no fueron como el esperaba, ahora con deudas acumuladas y un futuro incierto, tenía que tomar medidas para que no empeorara su situación. Para Leo fue doloroso admitir que el negocio había fracasado, reconocer los errores y los factores internos y externos que habían contribuido al cierre de su segundo negocio. Se permitió sentir tristeza y frustración. Pero decidió que no se dejaría vencer por ella. Hizo una lista detallada de todas sus deudas: préstamos del banco, facturas, tarjeta de crédito.

Ante esta realidad amaneció; Leo se ducho, se afeito, se puso su mejor traje y salió al mundo real, si al mundo real, a buscar un trabajo, en vista de la necesidad el primero que asome, para cubrir las necesidades básicas como ser humano, tal vez no era lo que él quería, pero fue necesario para empezar, ahora más consciente de su realidad, pero activo para las nuevas oportunidades que él estaba seguro que se le iban a presentar. Con más experiencia y conocimiento, unas herramientas que serían de gran utilidad para el camino que actualmente le tocaba recorrer.

Para Leo, ver los números en rojo fue aterrador, pero también le dio una visión clara de lo que debía enfrentar. El empezó a priorizar los pagos, decidió enfocarse primero en las deudas con los intereses más altos, mientras hacía pagos mínimos en los que le alcanzaba, ya que no podía cubrir todas en su totalidad. Se comprometió a vivir una vida más ligera, en donde elimino los gastos innecesarios. Cada pequeño ahorro, lo destino a cubrir los pendientes. A pesar de que por un tiempo Leo se mantuvo en soledad y aislado de familia y amigos, ya que, para él, ese tiempo le serviría para asimilar su nueva realidad.

Leo en lugar de dejarse vencer, decidió aprovechar esta nueva etapa de su vida para aprender a desarrollar habilidades que le permitirán iniciar su tercer negocio. Leo empezó a celebrar cada paso que daba al cubrir sus compromisos financieros. Estos pequeños pasos le dieron motivación y lo mantuvieron enfocado en su objetivo.

A medida que todo mejoraba Leo comenzó a planear su futuro, ya que en su mente no salía la idea de iniciar su tercer negocio, pero esta vez con más conocimiento, preparación y un plan más sólido.

La historia de Leo explica que sentir el fracaso es parte del proceso y que cada paso que se dé para salir de los compromisos hay que celebrarlo por más pequeño que sea.

LA DEUDA Y YO

La vida real tiene sus altas y bajas, en ocasiones, injusta, peor cuando te encuentras sumergido en deudas, es fácil tener la creencia de que alguien venga a rescatarte, o tener un golpe de suerte, o que alguien te ayude de manera inesperada, o incluso creer que el banco te va a esperar. Pero la verdad es que en la mayoría de los casos nadie va a venir a salvarte. La única persona que puede sacarte de cualquier situación en la que te encuentres eres tú.

Aceptar esta realidad no es una muestra de falta de fe, o ser negativo ante la situación, sino que el reconocer que tienes el poder y la responsabilidad te va a liberar de cualquier cadena. Pensar de esta manera te dará la fuerza y la determinación para seguir adelante.

Asumir el control total de tu situación financiera y desarrollar una mentalidad de autosuficiencia, en donde reine el yo sí puedo, el yo me lo merezco, el soy abundante, soy prospero, todo lo bueno y maravilloso me encuentra y se queda conmigo, el yo siempre tengo dinero, son herramientas mentales que se deben repetir a cada momento, para que puedas identificar tus propios recursos y fortalezas internas. Encontrarte inmerso en deudas no va a determinar tu ser, pero como lo enfrentas si lo hará.

La deuda y yo es una relación que se puede transformar, no esperes a que alguien te rescate, se tú el que agarre la situación y la domine, esta será una oportunidad para desarrollar la resiliencia y lograr la tranquilidad y paz que mereces.

En este caso hablaremos de la historia de Alexandra, ella se encuentra inmersa en deudas por compras innecesarias, además de sobregiros por tarjetas de crédito, ella se ha convertido en una víctima del sistema, en donde comprar y estar en tendencia te da estatus.

A pesar de contar con un trabajo estable no cuenta con la educación financiera acorde al nivel de vida que lleva. Alexandra tenía un salario que le permitía una vida cómoda, sin embargo, su estilo de vida satisfactorio se convirtió rápidamente en una trampa.

Comprar sin sentido era su apellido, después de pagar servicios, facturas y alquiler, se disponía a realizar compras que para ella eran lujos, que merecía por el tiempo que le dedicaba a su trabajo, cada mes al llegar el tan esperado salario, realizaba compras que le tildaba de obligatorias, aunado a esto su tarjeta de crédito eran un aliado incondicional, siempre estaban para ella cubriendo sus impulsos de compra. Al principio, los pagos que debía realizar parecían manejables, Alexandra pensaba que por el momento podría cubrir los pagos, pero con el tiempo la realidad empezó hacer ruido en sus finanzas. Los intereses se acumulaban y las compras se convirtieron en una fila de deudas. Las tarjetas se sobregiraron y con ello empezaron a llegar las notificaciones de deudas, lo que empezó a convertirse en estrés y preocupación.

Alexandra solía tener una rutina diaria de vida, se alimentaba correctamente, realizaba ejercicio diario y cuidaba mucho de su apariencia física, al estar envuelta en el circulo vicioso de las compras sin sentido, empezó a dejar de un lado a la persona, al no avanzar con sus compromisos financieros se fue deteriorando varios aspectos de su vida, entre lo más importante, su salud física y mental.

Alexandra empezó a sentirse atrapada y sin salida ya que la cantidad de deudas no las podía cubrir con su salario, a pesar de su trabajo estable, su imprudencia financiera la había llevado al borde del abismo.

Alexandra decide reconocer su problema , una tarde luego de regresar de su trabajo, con su cabeza dando vueltas, llega a su casa y se sienta con todos su estados de cuenta, luego de un análisis exhaustivo, sale la cifra de la deuda total que mantenía, sintió una presión en el pecho, fue la primera vez que le falto el aire para respirar, al mirar alrededor de su casa había comprado cosas que ni utilizaba, admitiendo que tenía un problema, lo primero que hizo fue pedirse perdón por no tener el control de sus finanzas y empezar un proceso reconciliación con ella misma. En este sentido, creo un plan de acción en donde dividió sus deudas en partes que podía manejar y estableció metas reales.

Empezó por pagar las deudas más pequeñas y luego continuar con las más grande, este paso género en ella una sensación de logro, entendiendo que no podía dejar de vivir a pesar de sus deudas, y el principal compromiso seria con ella, empezar a ver por ella, cuidar su salud y dar prioridad a su paz mental, hizo un compromiso de no usar sus tarjetas de crédito para ninguna compra futura, Alexandra realizo un presupuesto estricto eliminando los gastos innecesarios, se fue a las entidades bancarias en donde realizo precancelación de las tarjetas y logro hacer diferidos mensuales, los cuales podía cubrir, estas acciones no eliminaron las deudas pero la hicieron más fácil de llevar.

Para acelerar el proceso, Alexandra empezó a buscar las maneras de generar ingresos adicionales y tomo algunos trabajos de fines de semana. Para ella cada ingreso extra por pequeña que fuera, lo destinaba al pago de sus compromisos. También vendió cosas que ya no necesitaba, aprovechando el dinero para salir más rápido de su situación.

Alexandra sabía que salir de todos sus compromisos era un gran paso, pero asegurarse de no volver a incurrir en la misma trampa era un desafío, en tal sentido comenzó a educarse sobre finanzas personales, aprendiendo sobre la importancia del ahorro, la inversión y la planificación financiera a largo plazo.

Finalmente, después de meses de esfuerzo y sacrificio, Alexandra realizo su ultimo pago pendiente. La sensación de tranquilidad, alivio, y el logro fue indescriptible, no solo había pagado sus deudas, sino que había mejorado su relación con el dinero.

La historia de Alexandra es un ejemplo de cómo con determinación, disciplina y buen plan, es posible salir de las deudas de las tarjetas de crédito, permitiendo un control de las finanzas lo que traerá como consecuencia una vida tranquila y en paz.

LA AUTOEDUCACIÓN

Edúcate, eres responsables de como asumes tu vida, solo tú tienes el control.

LA AUTOEDUCACIÓN COMO HERRAMIENTA PARA MEJORAR LAS FINANZAS.

Enfrentar las deudas es una experiencia enriquecedora, especialmente cuando se siente que no se tiene el control sobre el dinero. Sin embargo, una de las herramientas más poderosas para transformar cualquier problema financiero es la autoeducación, el hacerse responsable de nuestras decisiones financieras, en donde el aprender sea la base que nos ayudara a entender el manejo del dinero.

Recorrer y entender cualquier problema financiero, nos permite comprender que muchas personas caen en los mismos, por falta de conocimiento.

Aprender sobre finanzas personales no solo ayuda a entender mejor el dinero, sino que nos permite tomar decisiones acertadas.

La información está a la mano de todos, existe bastante material dedicados a la educación financiera, que nos ofrecen principios financieros básicos y estrategias prácticas para mejorar en estos temas.

La autoeducación te proporciona el medio para crear un plan financiero de acuerdo a tus necesidades, aprender a elaborar presupuesto, tener registro de gastos, establecer metas financieras reales, son habilidades que se cultivan con la autoeducación. Un plan financiero sólido puede ayudar a priorizar el pago de deudas, aumentar los ahorros y posteriormente invertir en el futuro.

El conocimiento

Recién graduada de la universidad, Lina quedo con una sensación de vacío, un sentimiento de desesperanza entro en ella, debido a que llevaba varios días ingresando algunas hojas de vida sin tener respuesta alguna. Por parte de un amigo se entera que la universidad en donde se había graduado estaba ofreciendo un diplomado en investigación, entusiasmada por la oportunidad decidió inscribirse, al iniciar, su primera impresión fue que sus compañeros tenían a partir de dos o tres títulos universitarios, sintiéndose opacada por estar recién graduada, Una clase en particular quedo grabada en su memoria, cuando la profesora escribe, Se investiga lo que se conoce, muchas investigaciones se basan en el conocimiento previo, a menudo la investigación no solo explora lo desconocido, sino que busca descubrir algo nuevo, el ser humano por naturaleza está en constante busca del conocimiento, en adaptación y evolución, tomando como instrumento el conocimiento se puede cuestionar lo que ya se sabe, lo que permite que se expanda y se profundice. Para Lina estudiar a profundidad el termino conocimiento le permitió crecer en su carrera profesional, aunque este diplomado en particular no alcanzo a terminar, ya que llego un momento en donde no disponía del dinero para cancelar la siguiente fase, después de todo con el pasar de los años logro especializarse, pero el factor económico siempre estuvo presente ya que en general vivía con las justas. Con su carrera como base, decidió aprovechar su conocimiento y involucrase en el mundo financiero, creando talleres y cursos digitales para generar ingresos, incluso manejaba información de calidad acerca de la educación financiera y pudo aplicarla a sus finanzas.

Información de calidad

Para Lina estar siempre informada ha sido de gran importancia, por eso siempre dio relevancia a los recursos de calidad, esos que nos aportan, los que nos suman, lo que nos hacen crecer, para ella ser selectiva con la información que consumía la ponía siempre en primera fila, ya que algo que la caracterizaba era su responsabilidad en ser conscientes de lo que a ella le hacía bien, en este sentido a través de su trabajo ella invitaba a sus participantes a priorizar su información, ya que para ella tener amor propio, también era auto educarse.

Disciplina

Mejorar las finanzas no sucede de la noche a la mañana, requiere de esfuerzo continuo y un buen manejo del dinero, para Lina establecer rutinas financieras, como hacer sus presupuestos, ajustar gastos, le ayudo a mantenerse enfocada y con mayor control, que se vio reflejado en el progreso de las metas financieras que se había establecido.

Mis errores

Parte del proceso de Lina para crecer fue aprender de sus errores, en algunas ocasiones sus finanzas se vieron envueltas en situaciones en las cuales no tener suficiente conocimiento la llevo a toma de malas decisiones, Lina dentro del error siempre busco oportunidades, analizaba que salía mal y como evitar que se volviera a repetir, aplicando la eficacia en sus acciones para tener un buen manejo de las finanzas.

Capacitación continua

La educación nunca termina, estar capacitado no solo resuelve problemas financieros inmediatos, sino que nos prepara para futuras situaciones, Lina promovía que, con el conocimiento adecuado, se podía tomar decisiones financieras de manera inteligente, que te van a asegurar estabilidad y crecimiento a largo plazo. Estar en constante capacitación se convierte en una herramienta de gran poder y transformación. No importa que tan complicada parezca la situación financiera, tener conocimiento te proporciona la confianza y las habilidades necesarias para asumirlas.

Cuando tienes conocimiento te conviertes en el dueño de tus finanzas, ya no eres una víctima de la deuda o las malas decisiones, te conviertes en un gestor con inteligencia de tus finanzas y adquieres el bonito habito de la disciplina financiera que se cultiva a través del conocimiento.

Disponer de conocimiento te permite adaptarte y ser resiliente para estar preparado ante los cambios económicos personales, desde la fluctuación en el mercado, hasta las emergencias imprevistas.

Con educación financiera puedes construir riqueza con eficiencia y eficacia ya que se te abren las puertas a oportunidades que de otro modo podrían pasar frente a tus narices y no notarlo.

La autoeducación es una inversión en ti mismo que rinde fruto a futuro, en cualquier punto en el que te encuentres en tu camino financiero, siempre va a ver aspectos por aprender y mejorar, este es un proceso continuo que no solo mejora la situación financiera, sino que fortalece todos los aspectos de la vida.

UNA VIDA SIN DEUDA

No te engañes, me perteneces.

UNA VIDA SIN DEUDA

Una vida sin deudas no solo es posible, sino que también trae consigo una libertad, paz y tranquilidad que transforma la manera en que vivimos

Las deudas forman parte de la vida, desde los préstamos estudiantiles, hasta las hipotecas, pasando por las tarjetas de crédito, la deuda puede parecer una necesidad, sin embargo, estar siempre endeudado tiene un costo emocional y psicológico significativo, el estrés que ocasiona las deudas pueden afectar tanto la salud, como nuestras relaciones con la familia, afectando la calidad de vida en todos sus aspectos.

Una vida sin deudas te ofrece una visión diferente, te presenta una condición donde tus ingresos trabajan para ti, en vez de ser devorado por las deudas, es una vida donde puedes invertir en tus sueños y disfrutar de tus logros, tener una buena finanza no radica en cifras altas en tu cuenta bancaria, es un cambio de mentalidad y estilo de vida con menos estrés financiero, puedes enfocarte en lo que te apasiona, mejorar tu bienestar y fortalecer tus relaciones personales, la tranquilidad que se tiene al no estar envueltos en compromiso financiero te permite Vivir de manera más plena y feliz.

Imagínate despertar cada día con una sensación de paz y tranquilidad, sabiendo que tu dinero es tuyo, sentir bienestar y libertad, poder despertar en un nuevo día con la satisfacción plena.

Esta es la historia de Marlene que a sus 42 años logró ese sentido de bienestar, apreciando cada detalle de su vida, el sentirse bien con ella misma, el amar lo que veía en el espejo y el contar con hábitos que le permitían disfrutar de una vida plena.

Algo que valoraba Marlene, es la tranquilidad que le permitía dormir bien por las noches y despertar cada día con una mente clara y enfocada y todo esto se lo daba el tener el control sobre sus finanzas, la libertad de elección es uno de los mayores beneficios que se podía permitir Marlene, con sus finanzas en orden ella disponía de buen capital económico, ahorrar e invertir se convirtieron en hábitos accesibles y sostenibles. Ella dedicaba tiempo en hacer crecer su patrimonio, además se había convertido en un ejemplo positivo para quienes la rodeaban.

Marlene a pesar de haber estudiado una carrera Universitaria en el área de las artes, ella aprendió de su madre el oficio de vender, desde muy temprana edad se interesó en hacer dinero y mientras agarraba experiencia, con los años fue desarrollando habilidades que le permitieron hacer un buen capital, aunque no fue fácil dedicó mucho tiempo en su formación, vendía en ferias, mercados, hasta lograr un lugar físico, que posteriormente logró franquiciar; Algo que caracterizaba a Marlene era su apariencia física, cuidaba mucho de ella, hacía referencia de cómo te ven te tratan, salía a vender con la mejor actitud y con una apariencia bien cuidada, desde zapatos bien lustrados, hasta un buen peinado, ya que para ella el estar arreglada te aseguraba un gran porcentaje de la venta, Marlene mantenía un seguimiento diario de sus finanzas, para asegurarse de que estaba siguiendo su presupuesto y realizaba ajustes según fuese necesario, cuando habías gastos de imprevisto buscaba las maneras de compensarlas el próximo mes, su enfoque fue determinante para lograr el éxito en su negocio, con el pasar de los años ella construyó hábitos financiero saludables que le garantizaron el estilo de vida que actualmente lleva.

Tener una vida sin deudas, es tener la libertad de tomar decisiones basadas en nuestras verdaderas prioridades y deseos, tener paz mental nos permite enfocarnos en lo que realmente importa como nuestras pasiones y nuestro bienestar general o simplemente disfrutar de la vida diaria, sin preocupaciones.

Espero que esta visión te inspire y te motive a seguir trabajando hacia tu propia paz y tranquilidad, te mereces vivir la vida a tu manera, libre de ataduras...

QUÉ ESPERAS, ¡ENDÉUDATE!

Siempre estaré para ti.

Atentamente:

La deuda.

QUÉ ESPERAS, ¡ENDÉUDATE!

Aunque parezca aterrador, no pierdas tiempo, ¡endéudate!, la deuda activa la creatividad; se desbordan una serie de emociones que no sabíamos que sentía, el hecho de sentirte atrapado activa el sentido de supervivencia, esa que te permite estar alerta a cualquier oportunidad para salir ileso, o en su defecto el salir huyendo. En esta parte del libro se refleja cómo no todas las deudas, son malas y el cómo tener conocimiento te permite hacer dinero con la deuda.

En la presente historia hablaremos de Nubia y de cómo creció con la idea de que para tener algo material, debía recurrir al crédito, para obtener su primera cama, fue a sacar a crédito, en donde das una pequeña entrada, y quedas pagando mensual, para la familia llegar a la casa con algún electrodoméstico o alguna comodidad, era señal de éxito, felicitaciones ya estas teniendo tus cosas, el que no se empeña no tiene nada, son cumplidos que te dice la familia; en la mayoría de las veces pagabas más de tres veces el valor de lo que habías adquirido.

Esta historia representa la cultura que tienen algunos países de endeudarse para obtener algunas cosas materiales, muchos jóvenes como Nubia, pasan trabajando y a través de este método van adquiriendo sus objetos, para ellos el ahorro y la inversión no tiene lugar, su felicidad radica en obtener sus cosas materiales y mostrar cierta estabilidad y comodidad.

Ahora hablemos de Fer, Hijo del árabe con la tienda más grande del sector, dedicado desde niño a aprender el negocio familiar, digno ejemplo de su padre, no perdía la oportunidad de persuadir a todo aquel que entrara en la tienda para que comprara o llevara a crédito, con el tiempo aprendió que las personas compraban por emoción y él tomaba ese conocimiento y les vendía, para el vender era cubrir necesidades, el cliente le manifestaba su necesidad y él se los cubría con sus productos, se apalancaba del crédito para hacer crecer el negocio; Nubia fue por muchos años su clienta, ella no esperaba a pagar un producto para llevar otro.

Luego de ver las dos partes de la historia es probable que señales a Nubia como tonta o una víctima del sistema y a Fer, como el malo de la historia. En tal sentido la plata está hecha y todavía somos libre de escoger como obtenerla; Si te hace sentir suficiente trabajar todo el día, lo entendiste, si te gusta hacer negocio y darle la vuelta al dinero, lo entendiste; si emprender es lo tuyo, lo entendiste; como entes para gestionar nuestro dinero debemos entender que el dinero no distingue de gente mala o buena, sino de cómo te relacionas con él, ver el dinero como un aliado venga de donde venga te permitirá hacerlo trabajar para ti.

¿Cómo puede una situación, que no podemos controlar, hacernos crecer?

Por más complicada que sea la situación, todo tiene solución, menos la muerte; el hecho de estar vivos nos da la ventaja de salir de cualquier problema financiero.

Este libro está diseñado como herramienta de aprendizaje para enfrentar con disciplina, constancia y conocimiento los desafíos presentes en la vida financiera.

El rendirse no es una opción, no podemos optar entre morir por la deuda y vencer las dificultades, necesario es vencer.

www.ingramcontent.com/pod-product-compliance
Lightning Source LLC
Chambersburg PA
CBHW031549210526
45464CB00003B/1227